7 Days In Rio

Kellen M. Parham

Kellen M. Parham

For more about the author and to find previously published books/poetry (i.e., *A Lover's Truce*, and more) please scan the QR code below:

ISBN: 979-8-218-25861-0

Dedication

Thank you to the beautiful people of Rio de Janeiro.

Brasileira Real

Real people
Real feelings
Real lives
Real corações

Dig deeper
Pull back layers
Get to know
The real
Ignore
What the world says

Kellen M. Parham

7 Days In Rio

Table of Contents

Kellen M. Parham

English Edition

Kellen M. Parham

Daddy's Going On Vacation

I gave y'all kisses on the cheek
Said, "I'll see you next week."
It's only been about three hours
And this layover feeling dire

I'm a long way from home
Still more miles to roam
I'm second guessing if this where I belong
Leaving my family all alone

Doing this for my mental health
At least that's what I tell myself
Any excuse I find to help
But I'm missing you
More than I can accept

However, I can't turn around
Daddy must keep going
There are experiences
In life I must see
In order to be
The best man I can

Dreams are what you and I seek
Follow yours now, don't sleep
Look at what my journey has given me
In the mirror you'll see

You're everything
All of it
My dream

In The Digital

We haven't met
Yet, I'm learning more about you
As days pass
Thinking about our conversations

Planning out experiences
Drumming rhythms
Tapping our thumbs
On digital keys

Haptic feedback
Married to clicks and clacks
Smiling at our reflections
Wondering if the silhouettes
On our screens knew
How cute we both looked
Together

Eyes glued
Hearts synchronized
Minds traveling on spectrum
Through the fastest available bandwidth
5G, got you next to me
Praises be to technology

I understand it's a privilege
And a pleasure
To be here with you
Dreams come true
Your sights are beautiful
Looking forward to explorations

Kellen M. Parham

Deep into your mystery
And what you're not showing me

Soon As I Touch Down

I lack patience
I hate waiting
I love planning
Don't want anything going wrong

To be in your arms
Feel your lips
Against mine
Breath warm
Heavy
Refreshing mist

Your kiss
All I need

Kellen M. Parham

You Sure?

Imagine that
That you imagine
Writing me

Mind me if I laugh
At the cost
You lost
Fighting me

You're beautiful
I'm far from unique
Typical
Feelings
Hoping to get you
Between my sheets

You're more than
I've ever thought
It's too late
Your response is a squeak

Pushing it between
Your knees
Have you gasping
You sure
I can't please you

Is that what
You want
To believe

Doubt-filled Anxiety

There's a lot of doubt
Circling in my mind
Wanting you to be mine
But I'm feeling I'll be without
When it comes the time

I'm losing confidence
Should I reach out
Or should I not
There's hardly evidence
You're truly what you're about

There's a lot of talk
Running off at the mouth
It's not the truth 'cause you shout
I'm thinking I should walk
Here it is again, the doubt

Only time will tell
Revealing the mystery

Kellen M. Parham

Wrote This On A Staycation (On My Way)

Deeply in love with peace
I don't want to give it up
Got so much of it
It's not enough

Plotting on my next conquest
While I'm still in the process
Of my current

Why so urgent
To move on
Maybe I'm just so relaxed
It's carrying me

Across the sea
Like a kite
Flight
Floating
Above water
The same

What's a yacht
To a plane
Both catching wind
Headed in your direction

Anticipation Getting Heavy

Even the bartender
5,152 miles away
Knew about you

Said you were beautiful
Her smile wide
Eyes bright
You should've seen the excitement
When I mentioned your name

Wishing I was there
Even more
Asking her to pour
Another glass of Cabernet

Thinking of more to say
I'm tired of dreaming
Tired of reading
Words waiting your feeling

Trying my best
To contain myself
Don't think I'll be able to hold on
'Cause my palms sweaty
And these feelings are heavy

Arms getting tired
But I still hold them wide
Waiting on you
To put your cheek on my chest

Kellen M. Parham

It's Time

Traveling the globe
Looking for someone to hold
Someone to trust
Someone to love and lust

Whole world in your palm
No matter
Android or iPhone
Searching for home

A place to be
Sights to see
Night's breeze, breath
Feelings free

We lift off
Then we touch down
The in-between
Is a dream

Reality sprinkling scattered showers
We close our eyes
Hold our heads back
And smile

*"Seatbelts fasten, ladies and gentlemen
  It's time for departure."*

Baecation

Your name rhymes with complain
You was beautiful when I first saw you
Now I don't care

Niiiiiiiiigga, I'm lying
I'm wanting her here

Kellen M. Parham

Said Enough

"Man
That shit crazy"

First thought that came to mind
When you walked into the room

Fought hard not to look your way
But I can't help but to study your grace

Let's just leave it at that
Okay

The Ruby

A gem
Hidden near the coast
Beauty
In her possession

Itaperuna
Doesn't miss her
More than me
My Scorpio
Born free

The way she twinkles
In my eye
Paralyzes
My being

Seeing, hearing
All of her
Bom
More and more
Me want
Can't get enough

My working love
My everything
Afraid of majestic horses
But not the haunts of men

Kellen M. Parham

I caste no judgment
I'm no perfect man
As she says

Me value
No more
Than hers
Though
She doesn't think so
Brains
Inteligente
Beautiful
Coração

Coração

Your body pumped
Through my veins
Red like our favorite wine

Pouring, spilling
Over our lips
Between our fingers
Our pulse one together
Synced

Entranced in the moment
Too afraid to sleep
'Cause we knew
It wouldn't last forever

Hoping our kisses and touch
Could resuscitate
Our dying night
We don't let go

Too afraid
Of losing
Each other

Kellen M. Parham

Samba & Pagode

Smiles
So many smiles
Under the moonlight
This feels sacred
The night's
Magical

They grab each other hands
Swing their heads wide
The drum rhythm vibrating
Through their eyes
I'm feeling alive
More than ever before

"Tem que lutar, não se abater
Só se entregar a quem te merecer"

"You have to fight, not give up
Just give yourself to those who deserves you"

Such beautiful words to live by
I've experienced enough beauty
That if I were to die
Tonight
It'll be with a smile

"Meu amor
Levei tanto tempo para te encontrar
Alguém que chegasse pra me libertar
Me entreguei de novo a mais quem diria"

7 Days In Rio

"My love,
It took me so long to find you
Someone who came to set me free
I gave myself again to you, who would have thought"

Can't stop thinking about you
Forever more

Kellen M. Parham

Text Me Before You Fall Asleep

"I'll stop annoying you"

No such thing
Coming from you
Not one second pass
That you're not on my mind

I long for your attention
Wanting it
Craving it
Tasting it
Closing my eyes
Picturing your hands
Caressing mine

Every time
Please don't fall back
I'm afraid
Of the pitch black
The dark
When you're gone

Wanting you home
But where is that
Is it here, there
On the internet
Or on the coast

Da Costa
Anticipating your waves
Crashing against my shores
White foam, kisses
Drenching

7 Days In Rio

My arms

Hearing your siren song
Relaxing
Lulling me to sleep
If I drown, I drown
I'm fine
Long as you're around

Trying to do right
But for what
Only wanting you
In my clutch

Kellen M. Parham

Fighting Destiny

I told the truth
That didn't work
So then I lied
And to my surprise
I failed at that too

God must really want the best for me
I'm grateful
But still
Can't I not fall off
Just little from my chosen path

Got me thinking there are reasons
Yet, I still don't believe
Nothing more than
Being unlucky

Imagine if everything
Went the way I wanted it to be
Lucky me is a fool
I know a few

Vices
Sacrificing
Wishing to breathe
But that's not
My destiny

Acting Unusual

There's more to her
Than what you think
Her strength
Isn't in what you believe

Her power
You'll never achieve
Sometimes you
Just have to understand

Where you stand
In this race
You can't keep her pace
Save your face

Do what you can
And that's still not enough
Don't need to call your bluff
I see you aren't serious

Telling you and her the truth
Is all I can do
No point in lying
And trying
To be someone you're not

Puff your chest out
Say it straight
Look her in the eye
She's beautiful
I assure you

Kellen M. Parham

She's all I see
Wanting her
Want me
Speak my truth
And believe

Holding my breath
I forget to breathe
When she's calling me

Free

How she makes me
Feel

Senhora da Noite

The night is young
Impressionable
Lost looking to be found

Samba surrounds
Lighting our feet
Revealing our way

Perfect imperfections
Connecting our sway
Hand in hand

Trust is the key
A feeling, a desire
Passion's our guide

Closing our eyes
Allowing the sky
To protect us

Kellen M. Parham

Love, The One Before

So many thoughts
Shivering the asphalt
Trading places
Hate wasting
Time
Love
Hugs
And anything else
We want

Why can't we be honest
Tell the truth
Ducking
What's hunting
Us

PS
I'm alive

Love,

The one before

Money Makes A Heart Cold

Money got us all messed up
Easy to say money isn't everything
When I'm loafing in a pool
The size of a bedroom

All you can see are dollar signs
When your belly touches your spine
Wanting to eat
More than the need to blink
Some days it's easier to just sleep

Wake up, do it again
Looking at other's lives, pretend
That you have it all
But life has no fairytale endings
Only transactions pending

Take me to the beginning
When it didn't matter
When we weren't pocket watching
Looking to get fatter

Fill my heart with laughter
I find it hard
'Cause not much funny

Don't call me honey
Life's not sweet
For a person like me
One foot in
One foot out

Kellen M. Parham

From living on the streets

Now you know
Why my heart's so cold
Imagine living under all this heat

Seek Help

Always something
On your mind
There's never peace
Never enough space for we

You're here next to me
But your mind's in outer space
This not the place
When will we get
The time

All is yours
Yet you don't
Claim you're mine

Passing time
For what, though
It's not worth it
Unless I let you
Tell it

But all you care about
Is the money
Sucks you have to be
Broken

You need help
So do I

Kellen M. Parham

No Longer Wasting Your Time

Selling dreams
That I don't even need
Trying to understand
What's up
With all this greed

Belly aches
But your hunger
I can't feed
Maybe you don't believe

I can show you
Better than you can see
This not your fault
I can't blame

You wouldn't know my name
Had I not walked your way
Should've stayed in place
Not in your face
Thinking I'd be different

But I'm just another
After the last
Brother
And one
Before the next

Do what you
Got to do
Still no judgment
My way

7 Days In Rio

No longer trapped
In your web
I understand
What it is

Kellen M. Parham

I Do It To Myself

Maybe I thought I'd be different
But I guess that's what I get
As I pretend
I'm different from other men

We're all the same
There's no one to blame
Can't go back and change
My decisions
It'll always be a stain

Reasons why I don't
Wear white tees
'Cause I know
I'll drink sloppy

You dripping from my chin
Clean myself up
Next day wanting
You again

I'll never learn
Different day
Same pain

Vacation's Too Short

It's crazy
How I'm here solo
All alone
Looking at waves break

They come and greet me
Then they change
Wishing they'd come back
But it's never the same

Always a different perspective
Having to adapt
Tired of being a chameleon
When I thought I'd blend

To the end
Thinking we had a thing
Texting no text back
Damn

You know where I'm at
Don't get it mistaken
I'm not here long
More adventures to adorn

You had your chance
To teach me whatever
It's too late
I'm good beloved

Kellen M. Parham

Wish This Wasn't A True Story

Lost you once
Thought my life was over
Now that I got you back
I'm scared to lose you twice

Knowing what's over the horizon
I've stopped looking upon the sky
Simply embracing the little time
We have left
Looking you eye-to-eye

I know how this story ends
Wishing I wasn't selfish
Caring only for my needs
Though I know it's not right
I need you in my life

One day you'll wake up
Not want me near
You're going to cry
Many tears

And I
Will do the same
Won't be able to forgive
Myself for many years

Wanting you here
More than ever

But never
Never

7 Days In Rio

It's looking that way

I'll never see your face
Again
Next to me

Kellen M. Parham

Patterns Revealed

Brought it to your attention
My intentions
You took it better
Than I expected
Happy you have no plans
To disappear

I respect it
Everything about you
Don't want to lose

The life I choose
Isn't conducive
To a picture perfect life
But I still fantasize
That I'll get it right

Yet when I wake up
I'm back stuck
In the same
And I still can't find
Anyone else to blame

All my fault
So used to saying that
But maybe
It's natural
This recurring theme
Of mine

Forever My Lady

Having them all
But not the one
You want
Has to be
A level of hell
In my destiny

Close but never
Close enough
My whole life
Living on the cusp

Dangled before my eyes
Out of reach
Yet I keep reaching
I'm no quitter

Kellen M. Parham

Brasil

I still taste you on my lips
Sweet like Caipirinha
Feel you on my skin

Cold hands
First night's chills
Passion stronger
Than last night's will to stay

7th day
Leaving high
34,000 ft
Soaring above your clouds
Yearning to turn around

Your mountains
Reaching out
Calling from below
Wishing for one more
Chance to hold you
One more look into your eyes

My beautiful Medusa
Turned me to stone
I stand posed, a statue
Reaching out
Unable to move
Yet I smile

Edição Portuguesa

(Translated by ChatGPT)

Kellen M. Parham

Dedicatória

Obrigado às belas pessoas do Rio de Janeiro.

Brasileira Real

Pessoas reais
Sentimentos reais
Vidas reais
Corações reais

Cave mais fundo
Retire as camadas
Conheça
O real
Ignore
O que o mundo diz

Papai Está Indo De Férias

Eu dei beijos em suas bochechas
Disse, "Vejo vocês na próxima semana."
Apenas cerca de três horas se passaram
E essa escala está se tornando insuportável

Estou longe de casa
Ainda tenho muitas milhas para percorrer
Estou questionando se é aqui que pertenço
Deixando minha família sozinha

Estou fazendo isso pela minha saúde mental
Ao menos é o que digo a mim mesmo
Qualquer desculpa que eu encontro para ajudar
Mas estou sentindo sua falta
Mais do que posso aceitar

No entanto, eu não posso voltar
O papai precisa continuar
Há experiências na vida
Que eu preciso ver
Para ser
O melhor homem que eu posso ser

Sonhos são o que você e eu buscamos
Siga o seu agora, não durma
Veja o que minha jornada me trouxe
No espelho você verá

Você é tudo
Tudo isso
Meu sonho

No Digital

Ainda não nos conhecemos
Mas estou aprendendo mais sobre você
À medida que os dias passam
Pensando em nossas conversas

Planejando experiências
Batendo ritmos
Tocando nossos polegares
Em teclas digitais

Feedback tátil
Casado com cliques e clacks
Sorrindo para nossas reflexões
Perguntando-se se as silhuetas
Em nossas telas sabiam
Como ficávamos fofos juntos

Olhos colados
Corações sincronizados
Mentes viajando pelo espectro
Através da banda larga mais rápida disponível
5G, te tenho ao meu lado
Louvado seja a tecnologia

Entendo que é um privilégio
E um prazer
Estar aqui com você
Sonhos se tornam realidade

Seus horizontes são lindos
Ansioso por explorações

Profundamente em seu mistério
E no que você não está me mostrando

Assim Que Eu Pousar

Falta-me paciência
Odeio esperar
Amo planejar
Não quero que nada dê errado

Estar em seus braços
Sentir seus lábios
Contra os meus
Respiração quente
Pesada
Névoa refrescante

Seu beijo
É tudo que eu preciso

Você Tem Certeza?

Imagine isso
Que você imagine
Escrevendo para mim

Não se importe se eu rir
Ao custo
Que você perdeu
Lutando contra mim

Você é linda
Estou longe de ser único
Típico
Sentimentos
Esperando te ter
Entre os meus lençóis

Você é mais do que
Eu já pensei
É tarde demais
Sua resposta é um guincho

Pressionando entre
Seus joelhos
Você ofega
Você tem certeza
Que não posso te satisfazer

É isso que
Você quer
Acreditar

Ansiedade Cheia de Dúvidas

Há muita dúvida
Circulando em minha mente
Querendo que você seja minha
Mas sinto que ficarei sem
Quando chegar a hora

Estou perdendo a confiança
Devo me manifestar
Ou não devo
Há pouca evidência
Que você é realmente o que diz ser

Há muita conversa
Saindo pela boca
Não é a verdade só porque você grita
Estou pensando em ir embora
Lá vem ela de novo, a dúvida

Somente o tempo dirá
Revelando o mistério

Kellen M. Parham

Escrevi Isso em Uma Férias em Casa (A Caminho)

Profundamente apaixonado pela paz
Eu não quero desistir dela
Tenho tanto disso
Que não é suficiente

Planejando minha próxima conquista
Enquanto ainda estou no processo
Da atual

Por que tão urgente
Para seguir em frente
Talvez eu esteja tão relaxado
Que está me levando

Através do mar
Como uma pipa
Voo
Flutuando
Acima da água
O mesmo

O que é um iate
Para um avião
Ambos pegando vento
Indo na sua direção

Antecipação Ficando Pesada

Até o bartender
8.291 quilômetros de distância
Sabia sobre você

Disse que você era linda
O sorriso dela largo
Olhos brilhantes
Você deveria ter visto a empolgação
Quando mencionei seu nome

Desejando estar lá
Ainda mais
Pedindo para ela servir
Outra taça de Cabernet

Pensando em mais coisas para dizer
Estou cansado de sonhar
Cansado de ler
Palavras aguardando seu sentimento

Fazendo o meu melhor
Para me conter
Não acho que vou conseguir me segurar
Porque minhas mãos estão suadas
E esses sentimentos são pesados

Os braços estão ficando cansados
Mas ainda os mantenho abertos
Esperando por você
Para encostar sua bochecha em meu peito

É Hora

Viajando pelo globo
Procurando alguém para abraçar
Alguém para confiar
Alguém para amar e desejar

Todo o mundo na sua palma
Não importa
Android ou iPhone
Procurando por um lar

Um lugar para estar
Cenas para ver
Brisa da noite, respiração
Sentimentos livres

Decolamos
Depois tocamos o chão
O que está entre
É um sonho

A realidade asperge chuvas esparsas
Fechamos nossos olhos
Inclinamos nossas cabeças para trás
E sorrimos

"Afivelen os cintos, senhoras e senhores
  É hora de partir."

Férias Românticas

Seu nome rima com reclamar
Você era linda quando eu te vi pela primeira vez
Agora eu não me importo

Neeeeeeeeegro, estou mentindo
Quero ela aqui

Disse o Suficiente

"Cara
Isso é loucura"

Primeiro pensamento que veio à mente
Quando você entrou na sala

Lutei para não olhar em sua direção
Mas não consigo deixar de estudar a sua graça

Vamos deixar por isso mesmo
Tá bom

O Ruby

Uma joia
Escondida perto da costa
Beleza
Em sua posse

Itaperuna
Não sente sua falta
Mais do que eu
Minha Escorpião
Nascida livre

O jeito que ela brilha
Em meu olho
Paralisa
Meu ser

Vendo, ouvindo
Toda ela
Good
Mais e mais
Eu quero
Não consigo me saciar

Meu amor trabalhador
Meu tudo
Com medo de cavalos majestosos
Mas não dos assombros dos homens

Eu não julgo
Eu não sou um homem perfeito
Como ela diz

Kellen M. Parham

Meu valor
Não mais
Que o dela
Embora
Ela não pense assim
Cérebros
Intelligent
Linda
Heart

Heart

Seu corpo bombeado
Através das minhas veias
Vermelho como nosso vinho favorito

Derramando, transbordando
Sobre nossos lábios
Entre nossos dedos
Nossos pulsos juntos
Sincronizados

Encantados no momento
Com medo demais para dormir
Porque sabíamos
Que não duraria para sempre

Esperando que nossos beijos e toque
Pudessem ressuscitar
Nossa noite morrendo
Não soltamos

Com muito medo
De perder
Um ao outro

Kellen M. Parham

Samba & Pagode

Sorrisos
Tantos sorrisos
Sob a luz do luar
Isso parece sagrado
A noite
Mágica

Eles se pegam pelas mãos
Balançam suas cabeças com intensidade
O ritmo do tambor vibra
Através de seus olhos
Estou me sentindo vivo
Mais do que nunca antes

"You have to fight, not give up
Just give yourself to those who deserves you"

"Tem que lutar, não se abater
Só se entregar a quem te merecer"

Palavras tão lindas para viver
Experimentei tanta beleza
Que se eu morresse
Hoje à noite
Seria com um sorriso

"My love,
It took me so long to find you
Someone who came to set me free
I gave myself again to you, who would have thought"

7 Days In Rio

"Meu amor
Levei tanto tempo para te encontrar
Alguém que chegasse pra me libertar
Me entreguei de novo a mais quem diria"

Não consigo parar de pensar em você
Para sempre mais

Kellen M. Parham

Me Mande Mensagem Antes de Você Dormir

"Vou parar de te incomodar"

Não tem tal coisa
Vindo de você
Nem um segundo passa
Que você não está na minha mente

Anseio pela sua atenção
Querendo
Desejando
Provando
Fechando meus olhos
Imaginando suas mãos
Acariciando as minhas

Toda vez
Por favor, não recue
Tenho medo
Do breu
A escuridão
Quando você se vai

Querendo você em casa
Mas onde é isso
É aqui, lá
Na internet
Ou na costa

Of the Coast
Antecipando suas ondas
Batendo contra minhas margens

7 Days In Rio

Espuma branca, beijos
Encharcando
Meus braços

Ouvindo sua canção de sereia
Relaxante
Embala-me para dormir
Se eu me afogar, me afogo
Estou bem
Desde que você esteja por perto

Kellen M. Parham

Lutando Contra o Destino

Eu disse a verdade
Isso não funcionou
Então eu menti
E para minha surpresa
Falhei nisso também

Deus deve realmente querer o melhor para mim
Sou grato
Mas ainda assim
Não posso cair
Só um pouquinho do meu caminho escolhido

Me faz pensar que existem razões
Ainda assim, eu não acredito
Nada mais do que
Ser azarado

Imagine se tudo
Fosse do jeito que eu queria que fosse
Sorte minha é ser um tolo
Conheço alguns

Vícios
Sacrificando
Desejando respirar
Mas isso não é
Meu destino

Agindo de Forma Incomum

Há mais nela
Do que você pensa
A força dela
Não está no que você acredita

O poder dela
Você nunca alcançará
Às vezes você
Só precisa entender

Onde você se encontra
Nesta corrida
Você não consegue acompanhar o ritmo dela
Salve sua cara

Faça o que puder
E ainda não é o suficiente
Não preciso desmascarar seu blefe
Vejo que você não está sério

Dizer a você e a ela a verdade
É tudo que eu posso fazer
Não adianta mentir
E tentar
Ser alguém que você não é

Estufe seu peito
Diga diretamente
Olhe-a nos olhos

Ela é linda

Kellen M. Parham

Eu te garanto

Ela é tudo que eu vejo
Querendo ela
Me quer
Falo minha verdade
E acredito

Segurando minha respiração
Esqueço de respirar
Quando ela me chama

Livre

Como ela me faz
Sentir

Woman of The Night

A noite está jovem
Impressionável
Perdida, procurando ser encontrada

Samba nos envolve
Iluminando nossos pés
Revelando nosso caminho

Perfeitas imperfeições
Conectando nosso balanço
De mãos dadas

Confiança é a chave
Um sentimento, um desejo
A paixão é nosso guia

Fechamos nossos olhos
Permitindo que o céu
Nos proteja

Amor, Aquele Antes

Tantos pensamentos
Tremendo o asfalto
Trocando de lugar
Odeio desperdiçar
Tempo
Amor
Abraços
E qualquer outra coisa
Que queremos

Por que não podemos ser honestos
Dizer a verdade
Nos esquivando
Do que está nos caçando
Nós

PS
Estou vivo

Amor,

Aquele antes

O Dinheiro Faz o Coração Ficar Frio

O dinheiro nos bagunçou todos
É fácil dizer que dinheiro não é tudo
Quando estou descansando em uma piscina
Do tamanho de um quarto

Tudo que você consegue ver são cifrões
Quando sua barriga toca a coluna
Querendo comer
Mais do que a necessidade de piscar
Alguns dias é mais fácil apenas dormir

Acordar, fazer tudo de novo
Olhando para a vida dos outros, fingir
Que você tem tudo
Mas a vida não tem finais de contos de fadas
Apenas transações pendentes

Leve-me ao começo
Quando isso não importava
Quando não estávamos de olho na carteira
Querendo engordar

Encha meu coração com risos
Acho difícil
Porque não há muita coisa engraçada

Não me chame de querido
A vida não é doce
Para uma pessoa como eu

Kellen M. Parham

Um pé dentro
Um pé fora
De viver nas ruas

Agora você sabe
Por que meu coração é tão frio
Imagine viver sob todo esse calor

Procure Ajuda

Sempre algo
Na sua mente
Nunca há paz
Nunca espaço suficiente para nós

Você está aqui ao meu lado
Mas sua mente está no espaço sideral
Este não é o lugar
Quando teremos
O tempo

Tudo é seu
Ainda assim você não
Afirma que é meu

Passando o tempo
Mas para quê, no entanto
Não vale a pena
A menos que eu deixe você
Contar

Mas tudo que você se importa
É o dinheiro
É uma pena você ter que ser
Quebrado

Você precisa de ajuda
Eu também

Kellen M. Parham

Não Estou Mais Desperdiçando Seu Tempo

Vendendo sonhos
Que nem mesmo preciso
Tentando entender
O que há
Com toda essa ganância

Dores de barriga
Mas sua fome
Eu não consigo alimentar
Talvez você não acredite

Eu posso te mostrar
Melhor do que você pode ver
Isso não é sua culpa
Eu não posso culpar

Você não saberia meu nome
Se eu não tivesse ido ao seu encontro
Deveria ter ficado no meu lugar
Não no seu rosto
Pensando que seria diferente

Mas eu sou apenas mais um
Depois do último
Irmão
E um
Antes do próximo

Faça o que
Tem que fazer
Ainda sem julgamento

7 Days In Rio

Do meu lado

Não estou mais preso
Na sua teia
Eu entendo
O que é

Kellen M. Parham

Eu Faço Isso Comigo Mesmo

Talvez eu pensasse que seria diferente
Mas eu acho que é o que eu consigo
Enquanto finjo
Que sou diferente dos outros homens

Todos somos iguais
Não há ninguém para culpar
Não posso voltar e mudar
Minhas decisões
Sempre será uma mancha

Razões pelas quais eu não
Uso camisetas brancas
Porque eu sei
Que vou beber de forma descuidada

Você escorrendo do meu queixo
Limpo-me
No dia seguinte querendo
Você de novo

Eu nunca vou aprender
Dia diferente
Mesma dor

Férias São Curtas Demais

É louco
Como estou aqui sozinho
Totalmente sozinho
Observando as ondas quebrarem

Elas vêm e me cumprimentam
Então elas mudam
Desejando que elas voltem
Mas nunca é o mesmo

Sempre uma perspectiva diferente
Tendo que me adaptar
Cansado de ser um camaleão
Quando eu pensava que me encaixaria

Até o fim
Pensando que tínhamos algo
Envio mensagens sem resposta
Droga

Você sabe onde estou
Não confunda
Não vou ficar muito tempo
Mais aventuras para enfeitar

Você teve sua chance
Para me ensinar o que seja
É tarde demais
Estou bem, querido

Kellen M. Parham

Desejo Que Isso Não Fosse Uma História Verdadeira

Perdi você uma vez
Pensei que minha vida tinha acabado
Agora que te recuperei
Tenho medo de perder você duas vezes

Sabendo o que está além do horizonte
Parei de olhar para o céu
Apenas abraçando o pouco tempo
Que nos resta
Olhando você olho no olho

Eu sei como essa história termina
Desejando não ter sido egoísta
Cuidando apenas das minhas necessidades
Embora eu saiba que não é certo
Preciso de você na minha vida

Um dia você vai acordar
Não vai querer me por perto
Você vai chorar
Muitas lágrimas

E eu
Farei o mesmo
Não poderei me perdoar
Por muitos anos

Querendo você aqui

7 Days In Rio

Mais do que nunca
Mas nunca
Nunca
Está parecendo que será assim

Nunca mais verei seu rosto
Novamente
Ao meu lado

Kellen M. Parham

Padrões Revelados

Trouxe à sua atenção
Minhas intenções
Você lidou melhor
Do que eu esperava
Feliz que você não tem planos
De desaparecer

Eu respeito
Tudo sobre você
Não quero perder

A vida que escolho
Não é propícia
Para uma vida perfeita
Mas ainda fantasio
Que vou acertar

Porém, quando acordo
Estou preso novamente
No mesmo
E ainda não consigo encontrar
Mais ninguém para culpar

Toda minha culpa
Tão acostumado a dizer isso
Mas talvez
Seja natural
Este tema recorrente
Meu

Para Sempre Minha Dama

Ter todas elas
Mas não aquela
Que você quer
Tem que ser
Um nível do inferno
No meu destino

Perto, mas nunca
Perto o suficiente
Minha vida inteira
Vivendo na orla

Pendurada diante dos meus olhos
Fora do alcance
Ainda assim, continuo alcançando
Não sou de desistir

Brazil

Ainda sinto seu sabor em meus lábios
Doce como caipirinha
Sinto você na minha pele

Mãos frias
Arrepios da primeira noite
Paixão mais forte
Do que a vontade da última noite de ficar

7° dia
Deixando para trás em alta
34.000 pés
Pairando acima de suas nuvens
Ansiando por virar

Suas montanhas
Estendendo-se
Chamando de baixo
Desejando por mais uma
Chance de te abraçar
Mais um olhar em seus olhos

Minha bela Medusa
Me transformou em pedra
Fico imóvel, uma estátua
Estendendo a mão
Incapaz de me mover
Mas eu sorrio

7 Days In Rio

About The Author

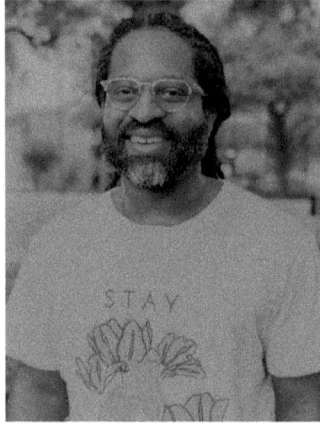

Kellen M. Parham was born in Atlanta, GA, but partially raised in Lil Brooklyn, New Iberia, LA. He learned to harness the gift of writing while studying Mathematics at The Georgia Southern University (#GATA). Mathematics and statistics pays his bills, but it's through poetry where he finds purpose and freedom. Getting lost into his deepest thoughts is all he ever desires. Being honest and documenting those thoughts may end up being his downfall, but it's a risk he's willing to take. Embrace every thought you have he suggests – the good, the bad, & the unacceptable.

www.ingramcontent.com/pod-product-compliance
Lightning Source LLC
Chambersburg PA
CBHW060348050426
42449CB00011B/2871